PAROLES PRONONCÉES

SUR LA TOMBE DE

Ph. J. CAZALET

Pasteur de l'Eglise Réformée

DE NIMES

PAROLES PRONONCÉES

Le 3 Septembre 1889

SUR LA TOMBE DE

Pʜ. J. CAZALET

Pasteur de l'Eglise Réformée

DE NIMES

Heureux ceux qui meurent dans le Seigneur:
ils se reposent de leurs travaux et leurs œuvres
les suivent.   (Ap. IV. 13.)

Cela va bien, bon et fidèle serviteur, tu as été
fidèle en peu de choses, je t'établirai sur beaucoup : entre dans la joie de ton Seigneur.
(St. Matth. xxv. 21.)

Mon cher Sauveur, ce n'est pas vivre
Qu'être éloigné de ton regard;
Il faut *l'aimer*, il faut *le suivre*,
Pour *posséder* la bonne part.

NIMES

IMPRIMERIE ROGER ET LAPORTE
7, Ruelle Saintes-Maries, 7

—

1889

DISCOURS

DE MONSIEUR LE

PASTEUR FERMAUD

Président du Consistoire

DE NIMES

DISCOURS

DE MONSIEUR LE

Pasteur FERMAUD

Président du Consistoire

DE NIMES

MESSIEURS ET TRÈS HONORÉS FRÈRES,

Appelé, par mon âge et par ma position dans le vénérable Consistoire, à présider la cérémonie funèbre qui nous rassemble, que vous dirai-je sur la perte que notre Eglise vient de faire en la personne de notre honoré et bien aimé collègue M. le pasteur Cazalet, qui ne vous ait été dit d'une manière plus impressive par l'affluence émue des fidèles qui, sans distinction de nuances religieuses, entourent son cercueil.

Le pasteur Cazalet était un homme d'une foi profonde, reposant sur une dogmatique parfaitement arrêtée; sa foi était égalée par sa charité vivante, expansive, et par sa modestie qui atteignait les dernières limites de l'humilité chrétienne et rendait ses rapports avec tous ses collègues on ne peut pas plus faciles et agréables.

Ces vertus, qu'on ne trouve pas toujours réunies, ont déterminé la direction de son ministère au milieu de nous pendant les vingt-trois ans qu'il a participé à nos travaux évangéliques. Elles lui ont rendu facile de travailler de concert avec ses collègues, sans aucun sacrifice de sa liberté, à l'avancement du règne de Dieu par l'Evangile du Sauveur et par le maintien de la paix, de l'union et de l'harmonie dans notre vieille, grande et chère Eglise.

M. le pasteur Babut, celui de nos collègues qui était le plus en communion d'idées avec lui, qui a vécu dans la plus grande intimité avec son intéressante famille, qui l'a le mieux connu, est chargé de vous retracer les principaux faits de sa vie toute d'amour et de dévoûment. Ainsi, les souvenirs qu'il laisse contribueront, après sa mort, à l'édification de notre Eglise, qu'il a tant aimée.

DISCOURS

DE

M. C.-E. BABUT

Pasteur de l'Eglise Réformée de Nimes.

DISCOURS

DE

M. C.-E. BABUT

Pasteur de l'Eglise Réformée de Nimes.

——————◆◆◆◆——————

Messieurs et chers Frères,

Oui, c'est à un ami, à un frère, à un fidèle compagnon de travail, je pourrais dire à un compagnon d'armes de vingt-trois ans, que je viens dire un dernier adieu, un adieu qui, grâce à Dieu, est un *au revoir*. Je suis si directement, si personnellement atteint par sa mort, que j'aurais presque le droit de me mêler à sa famille pour me taire et pleurer avec elle. Mais puisque cette famille même, ces chers orphelins que nous entourons tous de notre bien affectueuse sympathie, ont désiré que je prisse la parole près du cercueil de mon bien regretté collègue et ami, je rattacherai le peu que je me propose de dire à un mot qui, en face de ce cercueil, est venu tout de suite, de lui-même, sur mes lèvres, et probablement était déjà venu à votre pensée, un mot que j'emprunte à l'une des sentences de l'Ecriture Sainte que porte la lettre de deuil, le mot : *fidèle*. « Cela va bien, bon et fidèle serviteur ; tu as été fidèle en peu de choses ; entre dans la joie de ton Seigneur ! »

En premier lieu, M. Cazalet a été fidèle (je serais infidèle, moi, si j'omettais de le dire) à la Parole divine elle-même, à la foi qui, comme s'exprime un apôtre, « a été, une fois pour toutes, enseignée aux Saints ». Sa foi était la vieille foi réformée au Christ mort pour nos offenses, ressuscité pour notre justification, régnant à la droite du Père, intercédant pour nous dans le ciel, Jésus-Christ, Médiateur et Rédempteur, « toujours et partout nécessaire » (j'emploie ses propres expressions) à l'homme pécheur et perdu, c'était le fond de sa conviction religieuse, la paix et la joie de son âme, le thème favori de sa prédication.

Sa foi n'en était pas moins personnelle, éclairée, indépendante de toute tradition humaine. Par exemple, il avait ses vues particulières, assez différentes de celles qui prévalent chez la plupart des chrétiens évangéliques, sur la sanctification du jour du repos, et un jour, à Lyon, il fut assez sérieusement soupçonné et même taxé d'hérésie pour avoir prêché la subordination du Fils au Père dans les termes mêmes de l'Evangile selon saint Jean.

Il n'éprouvait d'ailleurs aucune prévention ni aucune amertume à l'égard de ceux qui pensaient ou croyaient autrement que lui. A plus forte raison était-il plein de largeur et d'affection fraternelle à l'égard des chrétiens appartenant à d'autres dénominations religieuses. C'était dans toute la force du terme un homme d'alliance évangélique ; il vaut la peine de relever ce trait en un temps où ces **hommes se font rares.**

M. Cazalet n'a pas été moins fidèle à ses devoirs qu'à sa foi. Il l'a été dans tous les détails des différentes tâches auxquelles il s'est appliqué ; la délicatesse de sa conscience en même temps que le tour particulier de son esprit le conduisaient à apporter beaucoup de soin et d'exactitude dans les plus petites choses. Pour abréger, je dirai seulement quelques mots de ce qu'il a été comme pasteur. Pasteur, ou du moins témoin de Jésus-Christ, il a commencé à l'être de bonne heure. Converti avant l'âge de quinze ans, il s'est tout de suite mis à annoncer l'Evangile dans diverses réunions religieuses, s'exposant pour cela, non-seulement à des railleries, mais même à de mauvais traitements. Etudiant en théologie à Montauban, il déploya le même zèle ; son ardeur à évangéliser les villages environnants, de concert avec son ami Gaufrès, le fit même entrer en conflit avec les lois gênantes et les autorités tracassières de ce temps-là.

Sa carrière pastorale proprement dite se divise en trois périodes : cinq ans à Damazan (Lot-et-Garonne), douze à Lyon, vingt-trois à Nîmes, ce mois de septembre aurait vu s'achever la quarantième année de son ministère. Je ne puis guère parler de Damazan, d'où je sais pourtant que M. Cazalet avait emporté, comme il y avait laissé de bons souvenirs.

Je sais un peux mieux combien ses travaux furent appréciés et bénis dans l'Eglise indépendante de Lyon, fondée par son cher et vénéré maitre Adolphe Monod.

A certains égards, je crois que ces douze années de Lyon furent les plus belles de sa vie. Surtout il y trouva beaucoup de bonheur et de consolation dans des amitiés exceptionnellement douces, fortes, intimes, vraiment chrétiennes en un mot. La plupart de ses amis de cette époque l'ont devancé dans l'éternité.

Ce qu'il fut à Nimes, vous le savez comme moi, Messieurs, et vous vous en souvenez avec émotion et reconnaissance, autour de ce cercueil. Peut-être une défiance excessive de lui-même n'a-t-elle pas permis à M. Cazalet d'être, comme prédicateur, tout ce qu'on pouvait attendre de lui, et c'est grand dommage, car, chez lui, le ferme croyant, le chrétien vivant était doublé d'un esprit distingué. Un moraliste, observateur sagace du cœur humain, grand lecteur fort au courant des discussions contemporaines, relevant volontiers ses discours par un heureux choix de belles citations.

Mais c'est peut-être dans l'œuvre pastorale proprement dite, comme visiteur des familles, comme consolateur des malades et des affligés, que notre excellent ami a fait le plus de bien. Les fruits de son activité chrétienne sont de ceux qui mûrissent dans l'ombre et qui paraîtront surtout au jour des rétributions.

Il s'occupait avec beaucoup d'intérêt et d'affection des Ecoles du Dimanche et du Jeudi, et les moniteurs et monitrices de celles qu'il dirigeait ont spontanément apporté, pour son convoi funèbre, une couronne, faible image de celle que son Sauveur lui a réservée.

Je voudrais dire encore à quel point l'ami que nous pleurons a été fidèle dans ses affections, dans ses amitiés. Comme je le disais en commençant, j'ai le droit d'en parler au nom d'une amitié de 23 ans, qui, malgré plus d'une divergence de vues, n'a jamais été troublée. Tel ami d'enfance de M. Cazalet, ici présent, pourrait lui rendre le même témoignage au nom d'une expérience de cinquante années, et certainement aucun de ceux qui l'ont connu de près, c'est-à-dire qui l'ont aimé, ne refusera d'y souscrire.

Quant à dire ce qu'il fut pour ses enfants, comment surtout, après avoir perdu leur excellente et admirable mère, il les entoura d'une affection à la fois paternelle et maternelle, non, ce souvenir est à la fois trop sacré et trop déchirant pour que j'y puisse insister.

Peu d'heures avant sa mort, ne pouvant plus parler, de sa main faible et tremblante de fièvre, il enlaça l'une dans l'autre les mains de ses filles, les plaça dans celles de son fils, puis, par un geste inexprimablement tendre, il baisa ces mains filiales réunies.

N'est-ce pas, mon cher Edouard, vous vous souviendrez toujours de ce moment-là? Vous exaucerez le vœu de votre père mourant? Vous servirez toujours son Maître et son Sauveur?

Ce dernier trait nous le rappelle : M. Cazalet a été fidèle jusqu'à la mort. Il est mort à la peine ; il a consumé ses forces au service de Dieu et de son Eglise. Hélas ! il y a quelques mois encore, sa santé semblait florissante, et personne ne pouvait prévoir que nous fussions appelés à le perdre sitôt. Le dimanche 9 mai, après avoir prêché à huit heures et demie au Petit-Temple, il éprouva de la fatigue, des symptômes alarmants se manifestèrent. A partir de ce moment, ni les tendres soins de ses enfants, ni les efforts de médecins dévoués n'ont pu enrayer la marche rapide de la maladie. Notre ami, n'en a, je crois, connu la gravité que partiellement et par moments. Dieu n'a pas permis que la cruelle pensée de laisser ses enfants tout-à-fait orphelins pesât longtemps et de tout son poids sur son cœur. Durant les dernières heures, il n'a pas pu beaucoup parler, mais les quelques mots qu'il a prononcés ont témoigné que son âme était en communion avec Dieu et qu'il lui remettait tout.

Pendant cette inoubliable nuit du 1ᵉʳ au 2 septembre, nuit de silence, interrompu seulement par le bruit de la respiration toujours plus courte du mourant et de temps à autre par quelque sentence de la Parole de Dieu rappelée par le pasteur, au milieu de notre douleur, il y avait dans nos âmes un sentiment de paix indéfinissable. Nous sentions que Dieu était là, que Jésus-Christ venait chercher son serviteur, que la mort est pour le chrétien un accident passager et la vie éternelle une réalité.

Mes frères, ne voulez-vous pas mourir avec la même espérance? Alors, je vous en conjure, comme vous y exhorte un apôtre : « Souvenez-vous de vos conducteurs qui vous ont annoncé la Parole de Dieu, et imitez leur foi, considérant quelle a été l'issue de leur vie. »

AMEN.

Nimes, imp. Roger et Laporte, ruelle Saintes-Maries. 7. — 10-89

www.ingramcontent.com/pod-product-compliance
Lightning Source LLC
LaVergne TN
LVHW021913180726
843502LV00008B/3051